Paramahansa Yogananda
(1893 – 1952)

PARAMAHANSA YOGANANDA

KUINKA VOIT PUHUA

JUMALAN

— ᦞ KANSSA ᦞ —

Self-Realization Fellowship
FOUNDED 1920
Paramahansa Yogananda

TIETOA KIRJASTA: *How You Can Talk With God* on koottu kahdesta puheesta, jotka Paramahansa Yogananda piti perustamissaan Self-Realization Fellowship -temppeleissä San Diegossa ja Hollywoodissa vuonna 1944. Hänellä oli tapana puhua niissä vuorosunnuntaisin. Puhuttuaan jostain aiheesta toisessa temppelissä hän puhui usein seuraavana sunnuntaina toisessa käsitellen samaa aihetta eri puolilta. Hänen ensimmäisiin ja läheisimpiin oppilaisiinsa lukeutuva Sri Daya Mata (Self-Realization Fellowshipin presidentti ja hengellinen johtaja vuosina 1955-2010) pikakirjoitti vuosien ajan hänen puheensa muistiin. *How You Can Talk With God* julkaistiin ensimmäisen kerran 1957, ja se on käännetty espanjaksi, italiaksi, portugaliksi, puolaksi, ranskaksi, ruotsiksi, saksaksi ja suomeksi.

Englanninkielinen alkuteos: *How You Can Talk With God*, julkaissut *Self-Realization Fellowship*, Los Angeles, Kalifornia

ISBN-13: 978-0-87612-156-6
ISBN-10: 0-87612-156-3

Suomentanut Self-Realization Fellowship
Copyright © 2014 Self-Realization Fellowship

Self-Realization Fellowship -järjestön kansainvälisen julkaisuneuvoston hyväksymä

Self-Realization Fellowship -nimi ja yllä nähtävä tunnus esiintyvät kaikissa SRF-kirjoissa, äänitteissä ja muissa julkaisuissa varmistamassa, että ne ovat Paramahansa Yoganandan perustaman järjestön tuottamia ja seuraavat uskollisesti hänen opetuksiaan.

Ensimmäinen suomenkielinen Self-Realization Fellowshipin tuottama painos 2014
First edition in Finnish from Self-Realization Fellowship, 2014

Tämä painatus: 2014
This printing: 2014

ISBN-13: 978-0-87612-464-2
ISBN-10: 0-87612-464-3

1416-J2210

Jumalan kirkkaus on valtava. Hän on todellinen ja sinä voit löytää Hänet. – – Kulkiessasi elämänpolkuasi sinun on lopulta hiljaa ja varmasti päädyttävä oivallukseen, että Jumala on ainoa tarkoitus, ainoa päämäärä, joka sinua tyydyttää. Sillä Jumalalta saamme vastauksen jokaiseen sydämemme kaipaukseen.

—Paramahansa Yogananda

KUINKA VOIT PUHUA

JUMALAN

———— ⟡ KANSSA ⟡ ————

Poimintoja Paramahansa Yoganandan maaliskuun
19. ja 26. päivinä vuonna 1944 pitämistä luennoista

On totta, että voimme puhua Jumalan kanssa. Intiassa olen ollut pyhimysten seurassa, kun he ovat puhelleet Taivaallisen Isän kanssa. Samoin jokainen teistä voi keskustella Hänen kanssaan. Tämä ei ole yksipuolista puhetta vaan aitoa keskustelua, jossa sinä puhut Jumalalle ja Hän vastaa. Tietenkin jokainen voi puhua Herra*lle*. Mutta tänään pohdin, miten saamme Hänet vastaamaan meille.

Miksi epäilisimme? Kaikkialla maailmassa pyhät kirjoitukset ovat tulvillaan kuvauksia Jumalan ja ihmisen välisistä keskusteluista. Yksi kauneimmista on Raamatussa Ensimmäisessä kuninkaiden kirjassa 3:5–13. "Herra ilmestyi Salomolle yöllä unessa, ja Jumala sanoi: Ano, mitä tahdot, että minä sinulle antaisin. Salomo vastasi: – – Anna sen tähden palvelijallesi kuuliainen sydän – –. Ja Jumala sanoi hänelle: Koska sinä anoit tätä etkä anonut itsellesi pitkää ikää, et rikkautta etkä vihamiestesi henkeä, vaan anoit itsellesi ymmärrystä kuullaksesi, mikä oikein on, – – minä annan sinulle viisaan ja ymmärtäväisen sydämen – –. Ja lisäksi minä annan sinulle mitä et anonutkaan: sekä rikkautta että kunniaa." Myös Daavid keskusteli monet kerrat Herran kanssa maallisistakin asioista. "Daavid kysyi Jumalalta: Menenkö minä filistealaisia vastaan, ja annatko sinä heidät minun käsiini? Ja Herra sanoi hänelle: Mene; minä annan heidät sinun käsiisi."[1]

Jumalaa koskettaa vain rakkaus

Tavallisesti ihmiset rukoilevat Jumalaa vain mielessään, eivät hartain sydämin. Sellaiset rukoukset ovat liian heikkoja tuottaakseen vastauksen. Meidän tulisi puhua Jumalan Hengelle luottaen kuin läheiselle, kuin isälle tai äidille. Meidän tulisi rakastaa Jumalaa ehdoitta. Parhaiten ja luontevimmin voimme

[1] 1. Aik. 14:10.

vaatia vastausta Hengeltä suuntaamalla rukouksemme Hänen Taivaallisen Äidin aspektilleen. Sellaiseen pyyntöön Jumala tuntee pakottavaa tarvetta vastata, sillä äidin syvin olemus on hänen lastaan kohtaan tuntemansa rakkaus ja anteeksiantavuus, olipa lapsi miten suuri synnintekijä tahansa. Äidin ja lapsen välinen rakkaus on kaunein inhimillisen rakkauden muoto, minkä Herra on meille suonut.

Jotta saisi selvän vastauksen Jumalalta, tulee omata joku käsitys Jumalasta (esimerkiksi Äiti Jumalana). Ja Herran vastausta täytyy vaatia voimakkaasti. Ei riitä, että vain puolinaisesti uskoo rukoukseensa. Jos päätät, että Hän on puhuva kanssasi, ja jos uskot, että kerran Hän puhuu sinulle, vaikka vuosia olisi kulunut ilman vastausta, niin päivä on koittava, jolloin saat Häneltä vastauksen.

Monet kerrat olen keskustellut Jumalan kanssa, ja muutamista tapauksista olen kertonut *Joogin oma-elämäkerrassa (Autobiography of a Yogi)*. Ensimmäisen kerran kuulin Jumalan Äänen, kun olin pieni lapsi. Eräänä aamuna istuin sängylläni ja vaivuin ajatuksiini.

"Mitä on suljettujen silmien pimeyden takana?" Tämä vastausta vaativa kysymys täytti mieleni.

Yhtäkkiä näin sisäisellä katseellani valtavan valon leimahduksen. Luolissaan meditoivien pyhimysten jumalallisia hahmoja ilmestyi eteeni kuin suurelle, kirkkaalle valkokankaalle.

"Keitä te olette?" kysyin ääneen.

"Himalajan joogeja." Tuota taivaallista vastausta on vaikea kuvata sanoin. Olin aivan haltioissani. Näky katosi, mutta hopeanhohtoiset valonsäteet ulottuivat alati laajenevina kehinä äärettömyyteen.

Sanoin: "Mitä on tämä ihmeellinen loiste?"

"Minä olen Ishwara (Herra). Minä olen Valo." Ääni oli kuin etäisen ukkosen jylinää.

Äitini ja vanhin sisareni Roma olivat lähettyvillä tämän varhaisen kokemukseni aikana, ja hekin kuulivat Jumalan Äänen. Tulin niin onnelliseksi Jumalan vastauksesta, että päätin heti siitä hetkestä lähtien etsiä Häntä, kunnes olisin täydellisesti yhtä Hänen kanssaan.

Useimmat ajattelevat, että suljettujen silmien takana on pelkkää pimeyttä. Mutta sitä mukaa kuin kehityt hengellisesti ja keskityt otsassasi olevaan "kolmanteen silmään", huomaat, että sisäinen näkökykysi aukeaa. Katsot toiseen maailmaan, jossa näet monenlaista valoa ja sanoin kuvaamatonta kauneutta. Sinulle avautuu näkyjä pyhimyksistä samoin kuin minä näin Himalajan joogit. Jos keskittymisesi on tätäkin syvempää, myös sinä saat kuulla Jumalan Äänen.

Pyhät kirjoitukset kertovat yhä uudestaan Herran lupauksesta olla yhteydessä meihin. "Te etsitte minua ja te löydätte minut, kun te etsitte minua kaikesta sydämestänne" (Jer. 29:13). "Herra on teidän kanssanne, kun te olette hänen kanssansa; ja jos häntä etsitte, niin te löydätte hänet, mutta jos hylkäätte hänet, niin hän hylkää teidät" (2. Aik. 15:2). "Katso, minä seison ovella ja kolkutan; jos joku kuulee minun ääneni ja avaa oven, niin minä käyn hänen tykönsä sisälle ja aterioitsen hänen kanssaan, ja hän minun kanssani" (Ilm. 3:20).

Jos edes kerran "murrat leipää" Herran kanssa, eli murrat Hänen vaitiolonsa, Hän puhuu kanssasi usein. Mutta aluksi se on hyvin vaikeaa. Ei ole helppoa päästä tuntemaan Jumalaa, koska Hän haluaa olla varma, että sinä todella tahdot tuntea Hänet. Hän testaa palvojaa saadakseen selville, haluaako tämä Häntä vai jotain muuta. Hän ei puhu kanssasi, ennen kuin olet vakuuttanut Hänet, että sydämessäsi ei piile muuta halua kuin halu tuntea Hänet. Miksi Hänen pitäisi paljastaa itsensä sinulle, jos sydämesi halajaa ainoastaan Hänen lahjojaan?

Ihmisen rakkaus on hänen ainut lahjansa Jumalalle

*L*uomistyö kokonaisuudessaan on tarkoitettu kokeeksi ihmiselle. Käyttäytymisemme tuo ilmi, tahdommeko Herran vai Hänen lahjojaan. Jumala ei kerro meille, että meidän tulee haluta Häntä enemmän kuin mitään muuta, koska Hän tahtoo, että rakastamme Häntä vapaasta tahdostamme kenenkään kehottamatta. Tämä on maailmankaikkeuden leikin koko salaisuus. Hän, joka meidät loi, kaipaa kiihkeästi rakkauttamme. Hän haluaa, että annamme rakkautemme spontaanisti, pyytämättä. Rakkautemme on ainoa asia, jota Jumalalla ei ole, ellemme sitä Hänelle anna. Huomaat siis, että jopa Herralla on jotain, mitä hän tahtoo saavuttaa: meidän rakkautemme. Emmekä me ikinä tule onnellisiksi, ennen kuin annamme sen Hänelle. Joudumme elämään

kärsimysten kourissa niin kauan kuin olemme tot-
telemattomia lapsia, maapallolla kompuroivia pikku
olentoja, jotka itkevät Hänen lahjojaan välittämättä
Hänestä, kaiken Antajasta.

Koska Jumala on olemuksemme ydin, emme
kykene aidosti ilmaisemaan itseämme, ennen kuin
opimme ilmentämään sisäisyydessämme piilevää Ju-
malan läsnäoloa. Tämä on totuus. Koska olemme osa
Jumalaa, meidän on mahdotonta saada pysyvää tyy-
dytystä mistään aineellisesta. "Kukaan ei ota luokseen
sitä, joka ei tahdo pitää Minua luonaan."[1] Et voi olla
todella tyytyväinen, ennen kuin olet löytänyt Jumalan.

Onko Jumala persoonallinen
vai persoonaton?

*O*nko Jumala persoona vai persoonaton? Lyhyt
pohdinta aiheesta auttaa sinua pyrkimyksissäsi kom-
munikoida Hänen kanssaan. Monet eivät halua aja-
tella Herraa persoonana. Heidän mielestään antropo-
morfinen käsitys on rajoittava. He ajattelevat Häntä
Persoonattomana Henkenä, Kaikkivoimaisena,

---

[1] Francis Thompson: *The Hound of Heaven.*

Älyllisenä Mahtina, joka on vastuussa maailmankaikkeudesta.

Mutta jos Luojamme on persoonaton, kuinka Hän on luonut ihmisiä? Me olemme persoonia, meillä on yksilöllisyys. Me ajattelemme, tunnemme, tahdomme, ja Jumala on antanut meille sekä kyvyn ymmärtää toisten ajatuksia ja tunteita että vastata niihin. Eihän Herralta itseltään varmastikaan puutu vastavuoroisuuden tajua, joka elähdyttää Hänen luomiaan ihmisiä. Taivaallinen Isämme voi luoda ja luo persoonallisen suhteen jokaiseen meistä, jos sallimme sen.

Kun ajattelemme Jumalan persoonatonta puolta, mieliimme muotoutuu kuva Etäisestä Olennosta, joka ainoastaan vastaanottaa lähettämämme rukousajatukset vastaamatta niihin ja joka kaiken tietäen pysyy tunteettomasti vaiti. Mutta tämä on filosofinen virhe, koska Jumala on kaikkea, persoonallinen samoin kuin persoonaton. Hän loi ihmiset. Ihmisten Luoja ei voi olla täysin persoonaton.

Sydäntemme syvää kaipausta tyydyttää ajatus, että Jumala voi ilmetä ihmisen hahmossa ja tulla luoksemme ja puhua kanssamme. Miksi Hän ei tule ja puhu jokaisen kanssa? Monet pyhimykset ovat kuulleet Jumalan äänen. Miksi sinä et kuule? "Sinä, Oi Herra, olet näkymätön, persoonaton, tuntematon sekä tiedon ulottumattomissa. Kuitenkin minä uskon, että antaumukseni kuura voi 'jäädyttää' Sinut muodoksi." Syvä antaumus voi saada Jumalan ottamaan persoonallisen muodon. Jos rukoilet kyllin hartaasti, sinäkin voit nähdä Kristuksen elävän ruumiin samoin kuin Pyhä Franciscus Assisilainen ja muut suuret pyhimykset. Jeesus oli Jumalan persoonallinen ilmentymä. Hän, joka tuntee Brahman (Jumalan), on itse Brahma. Eikö Kristus sanonutkin: "Minä ja Isä olemme yhtä?"[1] Swami Shankara julisti samoin: "Minä olen Henki" ja "Sinä olet Se". Lukuisten suurten profeettojen mukaan meidät on luotu Jumalan kuvaksi.

Saan lähes kaiken tietoni Jumalalta, en juurikaan kirjoista. Luen harvoin. Kerron teille siitä, mitä oivallan välittömästi. Minulla on valtuus puhua, koska sanani kumpuavat Totuuden välittömästä tajuamisesta. Koko maailma voi vastustaa oivaltamaani, mutta suoran kokemisen lähteestä saatu tieto hyväksytään aina lopulta.

[1] Joh. 10:30.

Mitä "Jumalan kuva" tarkoittaa?

*R*aamatussa lukee: "Jumala on tehnyt ihmisen kuvaksensa."[1] Kukaan ei ole tyhjentävästi selittänyt, millä tavoin ihminen on Jumalan kuva. Jumala on Henki, ja ihminen on varsinaiselta olemukseltaan myös Henki. Tämä on tuon Raamatun jakeen ensisijainen merkitys, mutta tämän lisäksi on myös muita oikeita tulkintoja.

Koko ihmiskeho ja -tajunta toimintoineen muodostaa mikrokosmisen kuvan Jumalasta. Tietoisuuteen sisältyy kaikkitietävyys ja kaikkiallinen läsnäolevuus. Pystyt hetkessä kuvittelemaan itsesi Pohjantähdelle tai Marsiin. Ajatusmaailmassa ei ole erottavia tekijöitä sinun tai jonkin muun välillä. Tietoisuutensa vuoksi ihminen voidaan siis nähdä Jumalan kuvana.

Tietoisuus on itsetietoinen, intuitiivisesti se tuntee itsensä. Kosmisessa tietoisuudessaan Jumala on tietoinen itsestään jokaisessa luomakunnan atomissa. "Eikö kahta varpusta myydä yhteen ropoon? Eikä yksikään niistä putoa maahan teidän Isänne sallimatta." Ihmisessä piilee myötäsyntyinen kosmisen

[1] 1. Moos. 9:6.

tietoisuuden kyky, harvat kuitenkaan kehittävät sitä. Hänellä on myös tahto, jonka avulla hän voi Luojansa tavoin luoda maailmoja silmänräpäyksessä. Mutta hyvin harvat kehittävät tätä sisäisyydessään piilevää kykyä. Eläimet eivät osaa ajatella, mutta ihmisellä on ajattelun kyky. Kaikki Jumalan ominaisuudet – tietoisuus, järki, tahto, tunne, rakkaus – ovat myös ihmisessä. Koska ihmisessä on nämä ominaisuudet, voidaan sanoa, että hänet on tehty Jumalan kuvaksi.

Fyysinen keho ei ole ainetta vaan energiaa

Kehoissamme on valtavan paljon enemmän energiaa kuin mitä pelkän fyysisen kehon toiminta edellyttää. Maailmankaikkeuksia ylläpitävä kosminen energia värähtelee myös kehoissamme. Kosminen energia on yksi Jumalan ilmenemismuodoista. Näin ollen fyysisestäkin näkökulmasta tarkastellen meidät on luotu Hänen kuvakseen.

Mitä kehoissamme oleva energia on? Fyysinen muotomme rakentuu molekyyleistä, molekyylit atomeista, atomit elektroneista ja elektronit elämän

voimasta tai "elontroneista": miljardeista energiahiuk-
kasista. Hengellisellä silmällä voit nähdä kehon suun-
nattomana valohiukkasten rykelmänä, energiana,
joka säteilee kehosi kahdestakymmenestäseitsemäs-
tätuhannesta miljardista solusta. Harhan takia näet
kehon kiinteänä aineena; todellisuudessa se ei ole
ainetta vaan energiaa.

Tunnet itsesi joskus heikoksi rassukaksi, koska
luulet olevasi lihaa ja verta. Mutta jos panet merkille
Jumalan tietoisuuden kehossasi, ymmärrät, että liha
on vain viiden värähtelevän elementin – maan,
veden, tulen, ilman ja eetterin – fyysinen ilmentymä.

Ihmisen keho muodostuu viidestä universaalista elementistä

*M*aailmankaikkeus on Jumalan fyysinen keho, ja
se rakentuu samoin kuin ihmisen keho edellä maini-
tuista viidestä elementistä. Ihmiskehon tähtimäinen
muoto symboloi viiden elementin säteitä. Pää, kädet
ja jalat muodostavat tähden viisi sakaraa. Myös näin
tarkasteltuna meidät on luotu Jumalan kuvaksi.

Kosminen Intelligentti Värähtely ylläpitää

luomakunnan rakennetta, ja viisi sormeamme edusta-
vat tämän värähtelyn viittä elementtiä. Peukalo vastaa
karkeimman elementin, maan, värähtelyä; siksi se on
paksu. Etusormi kuvaa vesielementtiä ja keskisormi
pisimpänä leiskuvaa tulielementtiä. Nimetön vastaa
ilmaa ja pikkurilli eetteriä, joka on hyvin hienoja-
koista.

Kutakin sormea vastaavaa energiaa voidaan virkis-
tää sormea hieromalla. Näin ollen keskisormen (joka
edustaa tulielementtiä) ja navan (joka on lantion
alueen keskuksen eli selkärangan "tulikeskuksen"
tasolla ja hallitsee ruoansulatusta) hierominen helpot-
taa ruoansulatusvaivoja.

Luomakunnassa Jumala tuo ilmi liikettä. Ihminen
on kehittänyt itselleen jalat, koska hänellä on tarve
liikkua. Elementtien viisi energiasädettä ovat aineel-
listuneet varpaiksi.

Silmän pupilli edustaa Isä Jumalaa, iiris Poikaa ja
valkuainen Pyhää Henkeä. Kun keskityt kulmakar-
vojen väliseen kohtaan, silmien energiavirta heijastuu
yhdeksi valoksi, ja näet hengellisen silmän. Tämä va-
lokehänä nähtävä yksi silmä on "Jumalan silmä". Me
olemme kehittäneet kaksi silmää, koska dualistisessa

maailmassamme vallitsee suhteellisuuden laki. Jeesus sanoi: "Jos silmäsi on yksi, koko kehosi on valaistu."[1] Jos katsomme hengellisen silmän kautta, yhden Jumalan silmän kautta, oivallamme, että koko luomakunta muodostuu yhdestä substanssista, Hänen valostaan.

Yhtä Jumalan kanssa, yhtä Jumalan voiman kanssa

$\mathcal{P}$erimmäisessä merkityksessä ihmisellä on kaikki valta. Jos tietoisuutesi on yhtynyt Jumalan tietoisuuteen, kykenet muuttamaan asioita tahtosi mukaan. Autoon voidaan tarpeen mukaan vaihtaa uusia osia tai rikkoutuneet osat voidaan korjata. Fyysisen kehomme muuttaminen vastaavalla tavalla on huomattavasti mutkikkaampaa. Mieli on avainasemassa, koska se ohjaa solujen toimintaa. Jos on saavuttanut täydellisen mielen hallinnan, pystyy vaihtamaan tai muuttamaan kehon soluja ja osia mielin määrin tahtonsa mukaan. Esimerkiksi kehon atomeja on

[1] Matt. 6:22. Jakeen suomennos noudattaa Paramahansa Yoganandan käyttämää King James -raamatunkäännöstä, joka poikkeaa suomalaisesta kirkkoraamatusta. (*Suomentajan huomautus*)

mahdollista muuttaa ajatuksen voimalla siten, että saa aikaan uudet hampaat. Hengellisesti edistynyt hallitsee materian täydellisesti.

Herra on Henki; Persoonaton on näkymätön. Mutta luotuaan aineellisen maailman Hänestä tuli Isä Jumala, ja heti kun Hän omaksui Luojan roolin, Hänestä tuli persoonallinen. Hän muuttui näkyväksi: maailmankaikkeus on Jumalan keho.

Maapallon muodossa Hän ilmentää positiivista ja negatiivista puolta pohjois- ja etelänapoina. Tähdet ovat Hänen silmänsä, ruoho ja puut Hänen hiuksensa ja joet verenkiertonsa. Valtameren pauhu ja leivosen laulu, vastasyntyneen itku ja muut luomakunnan äänet ovat Hänen ääntänsä. Tämä on persoonallinen Jumala. Kaikkien sydämien taustalla sykkivä sydän on Hänen värähtelevää kosmista energiaansa. Hän kävelee ihmiskunnan kahdellatuhannella kuudellasadalla miljoonalla jalkaparilla. Hän työskentelee käsiemme kautta. Jumalallinen Tietoisuus ilmenee aivojemme välityksellä.

Jumalan veto- ja poistovoimanlain vaikutuksesta ihmiskehon solut pysyvät harmonisesti yhdessä ja tähdet kiertävät vakaasti radoillaan. Kaikkialla läsnä

oleva Herra on alati aktiivinen. Ei ole olemassa paik-
kaa, jossa ei olisi jotain elämää. Jumalan alati jatku-
vassa luomistyössä syntyy taukoamatta ja rajattomasti
erilaisia muotoja. Hänen kosminen energiansa on
ehtymätön.

Jumalallisella Hengellä oli erityinen ajatus tai
malli mielessään, kun Hän loi. Ensin Hän antoi maa-
ilmankaikkeudelle ulkoisen muodon ja loi sen jälkeen
ihmisen. Muodostaessaan itselleen planeettajärjes-
telmistä koostuvan fyysisen kehon Jumala toi julki
kolme ilmenemismuotoaan: kosmisen tietoisuuden,
kosmisen energian sekä kosmisen massan tai mate-
rian.

Nämä kolme vastaavat ihmisen ideaali- eli kausaa-
likehoa, astraali- eli energiakehoa sekä fyysistä kehoa.
Näiden takana oleva sielu tai Elämä on Henki.

Makrokosmoksessa Henki ilmenee kosmisena
tietoisuutena, kosmisena energiana sekä maailman-
kaikkeuskehona, ja mikrokosmisesti ihmisen tietoi-
suutena, energiana ja kehona. Näemme siis jälleen,
että ihminen on todella luotu Jumalan kuvaksi.

Jumala "puhuu"
värähtelyiden kautta

*J*umala *voi* näyttäytyä meille fyysisessä muodossa. Hän on paljon persoonallisempi kuin mitä pystyt kuvittelemaan. Hän on yhtä todellinen ja samalla tavoin tässä hetkessä läsnä kuin sinäkin. Tästä tahdon kertoa teille tänään. Herra vastaa meille alituiseen. Hänen ajatustensa värähtely säteilee Hänestä jatkuvasti; säteily edellyttää energiaa ja energia ilmenee äänenä. Tämä on asian ydin. Jumala on tietoisuutta. Jumala on energiaa. "Puhuminen" tarkoittaa värähtelemistä. Kosmisen energian värähdellessä Hän puhuu jatkuvasti. Hän on tullut luomakunnan Äidiksi aineellistumalla kiinteäksi ja nestemäiseksi olomuodoksi sekä tuleksi, ilmaksi ja eetteriksi.

Näkymätön Äiti ilmaisee itseään kaiken aikaa näkyvissä muodoissa: kukissa, vuorissa, merissä ja tähdissä. Mitä aine on? Se on Jumalan kosmista energiaa, joka värähtelee aineelle ominaisella taajuudella. Mikään maailmankaikkeuden muoto ei ole oikeasti kiinteää. Kaikki kiinteältä vaikuttava on ainoastaan Hänen tiiviisti tai karkeasti värähtelevää energiaansa.

Herra puhuu meille värähtelyiden avulla. Mutta kysymys kuuluu: kuinka kommunikoida välittömästi Hänen kanssaan? Jumalan kanssa puhuminen on kaikkein vaikein suoritus.

Jos puhut vuorelle, se ei vastaa. Jos puhut kukille niin kuin Luther Burbank, saatat tuntea kukkien vienon vastauksen. Ja ihmisten kanssa voimme tietenkin keskustella. Onko niin, että Jumala ei ole yhtä herkästi reagoiva kuin kukat ja ihmiset ja sallii meidän puhua Hänelle pysyen itse vaiti. Siltä näyttää, eikö vain? Mutta ongelma ei ole Hänessä vaan meissä. Intuitiivinen vastaanottokykymme ei toimi. Jumala kutsuu meitä ja puhuu meille, mutta me emme kuule Häntä.

Kosminen värähtely "puhuu" kaikkia kieliä

*P*yhimykset kuulevat Hänen äänensä. Aina kun eräs tuntemani mestari rukoili, Jumalan vastauksen ääni tuntui tulevan taivaasta. Jumala ei tarvitse kurkkua voidakseen puhua. Jos rukoilet tarpeeksi voimakkaasti, rukousvärähtelyt tuovat välittömästi värähtelyvastauksen. Vastaus kuuluu sinulle tutuimmalla kielellä. Jos rukoilet saksaksi, kuulet saksankielisen vastauksen. Kun rukoilet englannin kielellä, kuulet vastauksen englanniksi.

Eri kielien värähtelyt ovat lähtöisin kosmisesta värähtelystä. Jumala on kosminen värähtely, ja näin ollen Hän tuntee kaikki kielet. Mitä kieli on? Kieli on värähtelyä. Mitä on värähtely? Värähtely on energiaa. Entä mitä on energia? Se on ajatusta.

Vaikka Jumala kuulee kaikki rukouksemme, Hän ei aina vastaa. Me olemme samassa asemassa kuin pieni lapsi, joka huutaa äitiä, mutta äidin mielestä ei ole välttämätöntä mennä lapsen luo. Äiti lähettää lapselle vain lelun, jotta tämä olisi hiljaa. Vasta kun lasta ei tyydytä mikään muu kuin äidin läsnäolo, äiti saapuu. Jos sinä tahdot tuntea Jumalan, sinun täytyy olla kuin tuhma lapsi, joka huutaa niin kauan, että äiti tulee.

Jos päätät, että et koskaan lakkaa huutamasta Häntä, Taivaallinen Äiti puhuu sinulle. Jos hellittämättä kutsut Häntä, Hänen täytyy puhua, vaikka Hän olisi antautuneena luomistöihinsä. Hindujen pyhät kirjoitukset kertovat, että jos palvoja keskeytyksettä puhuu Jumalalle syvällä antaumuksella

Jagannath (Kalyana-Kalpataru)

TAIVAALLINEN ÄITI

Jumala Taivaallisen Äidin aspektissa esitetään hindutaiteessa nelikätisenä naisena. Hänen kohotettu kätensä ilmentää universaalia siunausta. Muissa käsissä on rukousnauha, joka symboloi antaumusta, pyhien kirjoitusten sivuja, jotka kuvaavat oppimista ja viisautta, sekä pyhällä vedellä täytetty ruukku, joka symboloi puhdistumista.

yhden yön ja yhden päivän, Hän vastaa. Mutta vain
ani harva toimii näin. Joka päivä sinulla on "tärkeitä
tapaamisia" – "paholainen" pitää sinut kaukana Ju-
malasta. Jumala ei tule, jos sanot vain lyhyen rukouk-
sen ja rupeat sitten ajattelemaan jotain muuta, tai jos
rukoilet näin: "Taivaallinen Isä, minä kutsun Sinua,
mutta olen kauhean uninen. Amen." Pyhä Paavali
sanoi: "Rukoilkaa lakkaamatta."[1]

Kärsivällisellä Jobilla oli pitkiä keskusteluja Juma-
lan kanssa. Job sanoi Hänelle: "Kuule siis, niin minä
puhun; minä kysyn, opeta sinä minua. Korvakuulolta
vain olin sinusta kuullut, mutta nyt on silmäni sinut
nähnyt."[2]

Kun rakastunut vakuuttaa rakkauttaan mekaani-
sesti, hänen rakastettunsa tajuaa, että hänen sanansa
eivät ole vilpittömiä. Rakastettu "kuulee", minkälai-
set rakastuneen tunteet todellisuudessa ovat. Samoin
Jumalan palvojan rukoillessa Häntä Hän tietää, onko
tämän sydämen ja mielen antaumus ehtynyt tai
viilettävätkö tämän ajatukset miten sattuu. Hän ei
vastaa välinpitämättömiin kutsuihin. Mutta sellaisten

[1] 1. Tess. 5:17.
[2] Job 42:4-5.

palvojien luo, jotka päivin ja öin äärimmäisen inten-
siivisesti rukoilevat Häntä ja puhuvat Hänelle, Hän
varmasti tulee.

Älä tyydy vähempään kuin korkeimpaan

*Ä*lä tuhlaa aikaa mitättömien asioiden havitte-
luun. On luonnollisesti helpompi saada Jumalalta
kaikenlaisia muita lahjoja kuin suurinta: Häntä it-
seään. Mutta älä tyydy mihinkään muuhun kuin
arvokkaimpaan lahjaan. En ole välittänyt Jumalalta
saamistani lahjoista muuten kuin sen takia, että
näen niiden taustalla Hänet, joka on ne antanut.
Miksi kaikki toiveeni ovat toteutuneet? Koska menen
syvälle: menen suoraan Jumalan luo. Näen hänet
luomakunnan kaikissa kasvoissa. Hän on Isämme;
Hän on läheisistä läheisin, rakkaista rakkain ja todel-
lisempi kuin mikään muu. Toisaalta Hän on tiedon
ulottumattomissa, mutta toisaalta Hänet on mahdol-
lista tuntea.

Jumala kutsuu sinua. Hän haluaa sinun palaavan
luokseen. Paluu on sinun syntymäoikeutesi. Jonain

päivänä sinun täytyy lähteä maapallolta, joka ei ole sinun pysyvä olinpaikkasi. Maanpäällinen elämä on vain koulu, johon Hän on pannut meidät nähdäkseen, miten käyttäydymme täällä – siinä kaikki. Ennen kuin Hän paljastaa itsensä, Hän haluaa tietää, tahdommeko maallista katinkultaa vai olemmeko viisastuneet kylliksi sanoaksemme: "Tämä riittää minulle, Herra. Tahdon puhua vain Sinun kanssasi. Tiedän, että Sinä olet kaikki, mitä minulla todella on. Sinä olet kanssani, kun kaikki muut ovat poistuneet."

Ihmiset etsivät onnea avioliitosta, rahasta, viinistä ja niin edelleen. Mutta sellaiset ihmiset ovat kohtalon sätkynukkeja. Kun he oivaltavat tämän, heille valkenee elämän todellinen tarkoitus ja he alkavat etsiä Jumalaa.

Meidän tulee vaatia menetettyä jumalallista perintöosaamme. Mitä epäitsekkäämpi olet, sitä enemmän pyrit ilahduttamaan toisia ja sitä todennäköisempää on, että ajattelet Jumalaa. Mitä enemmän keskitymme maallisiin päämääriin ja inhimillisiin haluihin, sitä kauemmaksi sielun ilo vetäytyy meistä. Maallisen elämämme tarkoitus ei ole ryömiä aistien mudassa eikä tuon tuosta tuskailla kärsimysten kourissa. Se mikä on maailmasta, on pahaa, koska se tukahduttaa sielun autuuden. Suurimman onnen tuo syventyminen Jumalan ajattelemiseen.

Miksi lykätä onnellisuutta?

*M*iksi et pohdi, mitä on tulossa? Miksi pidät epäolennaisia asioita niin tärkeinä? Useimmat keskittyvät aamiaiseen, lounaaseen ja illalliseen, työhön, seuraelämään ja niin edelleen. Yksinkertaista elämääsi ja keskity Herraan. Maailma on tarkoitettu paikaksi, jossa voimme valmistautua pääsemään takaisin Jumalan luo. Hän tahtoo saada selville, rakastammeko enemmän Häntä vai Hänen lahjojaan. Hän on Isämme ja me olemme Hänen lapsiaan. Hänellä on oikeus rakkauteemme, ja meillä on oikeus Hänen rakkauteensa. Välinpitämätön suhtautumisemme Jumalaan tuo vaikeuksia elämäämme. Mutta Hän odottaa aina.

Toivonpa vain, että Hän olisi antanut meille hieman enemmän järkeä. Meillä on vapaus hyljätä Jumala tai ottaa Hänet vastaan. Ja täällä me kerjäämme, kerjäämme ja kerjäämme vähän rahaa, onnea, rakkautta. Miksi pyytää asioita, joista kuitenkin täytyy jonain päivänä luopua? Kuinka kauan aiot valittaa rahasta, sairauksista ja vaikeuksista? Ota haltuusi kuolemattomuus ja Jumalan valtakunta. Juuri tätä todella haluat.

Kyse on Jumalan valtakunnasta

*P*yhimykset painottavat takertumattomuutta, jottei mikään yksittäinen voimakas aineellisuuteen kohdistuva halu estäisi meitä saavuttamasta Jumalan valtakuntaa. Kieltäymys ei tarkoita kaikesta luopumista vaan luopumista pienistä nautinnoista ikuisen autuuden vuoksi. Jumala puhuu sinulle, kun teet työtä Hänelle, ja sinun tulisi puhua Hänelle kaiken aikaa. Kerro Hänelle, mitä mielessäsi liikkuu. Ja sano Hänelle: "Herra, ilmaise Itsesi minulle, ilmaise Itsesi." Älä hyväksy hiljaisuutta vastaukseksi. Ensin Hän vastaa antamalla sinulle jotain, mitä olet halunnut, osoittaen näin, että Hän on kohdistanut huomionsa sinuun. Mutta älä tyydy Hänen lahjoihinsa. Tee Hänelle selväksi, että et ikinä ole tyytyväinen, ennen kuin sinulla on Hänet. Lopulta Hän vastaa sinulle. Saatat nähdä näyn pyhimyksen kasvoista tai kuulet ehkä Jumalallisen Äänen puhuvan sinulle, ja tiedät olevasi läheisessä yhteydessä Jumalaan.

Jumala suostuu antamaan itsensä sinulle vasta, kun antaumuksesi on vakaata ja jatkuvaa. Sellaista antaumusta ei kukaan pysty sinulle opettamaan. Sinun itsesi on kehitettävä sitä. "Vaikka voit viedä hevosen veden äärelle, juomaan et voi sitä pakottaa." Mutta kun hevosella on jano, se etsii itse innokkaasti vettä. Jumala tulee, kun janoat Häntä kaikesta sydämestäsi etkä anna liiallista merkitystä millekään muulle, kuten maailman ja kehon aiheuttamille koettelemuksille. Muista: kun sydämesi kutsu on voimakas ja kun et hyväksy minkäänlaisia esteitä, Hän saapuu.

Sinun täytyy heittää mielestäsi kaikki epäilykset, että Jumala ei vastaisi. Useimmat jäävät vaille vastausta juuri epäuskonsa takia. Jos olet lujasti päättänyt saavuttaa jotain, mikään ei voi sinua pysäyttää. Vasta kun annat periksi, langetat oman tuomiosi. Menestynyt ei tunne sanaa "mahdoton".

Kun uskot, löydät itsestäsi Jumalan rajattoman voiman. Jumala tietää, että Hän on luonut kaiken. Niinpä usko tarkoittaa tietoa ja vakaumusta, että meidät on luotu Jumalan kuviksi. Kun olemme

sisäisesti virittyneet Hänen tietoisuuteensa, pystymme
luomaan maailmoja. Muista, että tahdossasi piilee
Jumalan kaikkivaltias voima. Kun vaikeuksien lauma
hyökkää, mutta et anna periksi, ja kun mielesi on
luja, Jumala vastaa sinulle.

Jumala – ollen kosmista värähtelyä – on Sana.
Jumala Sanana hyrisee kaikissa atomeissa. Maailman-
kaikkeus synnyttää musiikkia, jonka syvästi meditoi-
vat palvojat voivat kuulla. Nyt juuri kuulen Hänen
äänensä. Kosminen Ääni[1], jonka kuulette meditaati-
ossa, on Jumalan ääni. Tuo Ääni muotoutuu sinulle
ymmärrettäväksi kieleksi. *Aumia* kuunnellessani pyy-
dän silloin tällöin Jumalaa kertomaan minulle jotain,
ja *Aum*-ääni muuttuu englanniksi tai bengaliksi an-
taen minulle tarkkoja ohjeita.

Jumala puhuu meille myös intuitiomme kautta.
Kun opit kuuntelemaan[2] kosmista värähtelyä, sinun
on helpompi kuulla Hänen äänensä. Mutta jos tah-
tosi on riittävän voimakas ja jos rukoilet Jumalaa vain
kosmisen eetterin kautta, eetterikin vastaa Hänen

[1] Aum (Om), tietoinen, intelligentti kosminen värähtely eli Pyhä
Henki.
[2] Muinaisen tekniikan avulla, jota opetetaan *Self-Realization
Fellowshipin opetuskirjeissä.*

äänellään. Jumala puhuu sinulle alituiseen sanoen:

"Kutsu Minua, puhu Minulle sydämesi pohjasta, olemuksesi ytimestä, sielusi syvyyksistä, hellittämättä, ylevästi, lujasti, sydämessäsi horjumaton päätös jatkaa Minun etsimistäni välittämättä niistä lukemattomista kerroista, jolloin en ole vastannut kutsuihisi. Minä tulen luoksesi, palvojani, jos sydämessäsi lakkaamatta kuiskailet Minulle: 'Oi hiljainen Rakastettuni, puhu Minulle.'"

Jos saat kerran vastauksen, et koskaan enää tunne olevasi erossa Hänestä. Jumalallinen kokemus pysyy aina sinussa. Mutta tuo yksi kerta on vaikeasti saavutettavissa, sillä sydän ja mieli eivät ole vakuuttuneita: epäily hiipii mieleen aiempien materialististen uskomusten vuoksi.

Jumala vastaa tosi palvojiensa sydämen kuiskauksiin

*J*umala vastaa jokaiselle kastista, uskosta ja rodusta riippumatta. Bengalin kielessä on sanonta: "Jos lähetät sielun kutsun Jumalalle tuntien Hänet Universaaliksi Äidiksi, Hän ei voi vaieta. Hänen täytyy puhua."

Eikö olekin kaunista?

Ajatelkaa kaikkea sitä, mitä tänään vastaanotin ja mitä olen teille kertonut. Teidän ei pidä enää ikinä epäillä, etteikö Jumala vastaisi teille, jos jatkuvasti ja sinnikkäästi vaaditte sitä Häneltä. "Ja Herra puhui Moosekselle kasvoista kasvoihin, niin kuin ihminen puhuu ystävälleen."[1]

[1] 2. Moos. 33:11.

KIRJOITTAJASTA

"Jumalan rakastamisen ja ihmiskunnan palvelemisen ihanteet toteutuivat täysimittaisesti Paramahansa Yoganandan elämässä. – – Vaikka hän vietti suuren osan elämästään Intian ulkopuolella, hän kuuluu suuriin pyhimyksiimme. Hänen työnsä jatkaa kasvuaan loistaen yhä kirkkaammin ja kutsuen ihmisiä kaikkialla Hengen pyhiinvaellustielle."

–Intian hallituksen kunnianosoituksesta sen julkaistessa juhlapostimerkin Paramahansa Yoganandan muistoksi hänen poismenonsa kahdentenakymmenentenäviidentenä vuosipäivänä.

Paramahansa Yogananda syntyi Intiassa tammikuun viidentenä päivänä 1893. Hän omisti elämänsä kaikenrotuisten ja eri uskontoja tunnustavien ihmisten auttamiseen, jotta he voisivat oivaltaa yhä kirkkaammin ihmishengen kauneuden, jalouden ja oikean jumalallisuuden ja pystyisivät myös ilmentämään tätä kaikkea omassa elämässään.

Suoritettuaan akateemisen loppututkinnon Kalkutan yliopistossa 1915 Sri Yogananda liittyi juhlallisella munkkilupauksella Intian kunnioitettuun svami-munkkikuntaan. Kaksi vuotta myöhemmin hän aloitti elämäntyönsä perustamalla "kuinka elää" -koulun, joka tarjosi sekä perinteisiä akateemisia aineita että joogakoulutusta ja hengellisten ideaalien opetusta. Nykyään koulu on kasvanut niin, että se käsittää kaksikymmentäyksi koululaitosta eri puolilla Intiaa. Vuonna 1920 Sri Yogananda kutsuttiin Intian edustajaksi Bostoniin Uskontoliberaalien kongressiin. Hänen kongressipuheensa ja sittemmin itärannikolla pitämänsä esitelmät otettiin innostuneesti vastaan, ja 1924 hän aloitti koko mantereen yli ulottuvan esitelmäkiertueen.

Seuraavan kolmen vuosikymmenen ajan Paramahansa Yogananda edisti kauaskantoisella tavalla idän hengellisen viisauden leviämistä ja arvostusta läntisessä maailmassa. Hän oli perustanut vuonna 1920 uskontokuntien rajat ylittävän kansainvälisen, uskonnollisen Self-Realization Fellowship[1] -järjestön, ja muodosti Los Angelesiin sen päämajan. Kirjoituksillaan, monilla esitelmämatkoillaan sekä luomalla useita Self-Realization Fellowshipin temppeleitä ja

[1] Kirjaimellisesti "Itse-oivalluksen yhteisö". Paramahansa Yogananda on selittänyt, että Self-Realization Fellowship -nimi merkitsee yhteyttä Jumalan kanssa Itse-oivalluksen avulla ja ystävyyttä kaikkien totuutta etsivien sielujen kanssa. Katso myös "Self-Realization Fellowshipin päämäärät ja ihanteet".

meditaatiokeskuksia hän tutustutti tuhannet totuu-
denetsijät muinaiseen joogatieteeseen ja -filosofiaan
sekä sen universaalisti käyttökelpoisiin meditaatio-
menetelmiin.

Nykyään Paramahansa Yoganandan aloittama
hengellinen ja humanitaarinen työ jatkuu hänen
läheisimpiin oppilaisiinsa lukeutuvan Sri Mrinalini
Matan ohjauksessa. Sri Mrinalini Mata on toiminut
Self-Realization Fellowship/Yogoda Satsanga Society
of India -järjestön presidenttinä vuodesta 2011 al-
kaen. Järjestö julkaisee Paramahansa Yoganandan kir-
joituksia, luentoja, vapaamuotoisia puheita (samoin
kuin laajaa opetuskirjesarjaa kotiopiskelua varten)
sekä julkaisutoiminnan lisäksi johtaa eri puolilla
maailmaa toimivia temppeleitä, retriittejä ja keskuk-
sia, Self-Realization-luostariyhteisöjä ja maailmanlaa-
juista rukouspiiriä.

Tohtori Quincy Howe, Scripps Collegen mui-
naisten kielten professori, kirjoitti Sri Yoganandan
elämää ja työtä koskevassa artikkelissaan seuraa-
vasti: "Paramahansa Yogananda toi länsimaihin In-
tian ikuisen lupauksen Jumalan oivaltamisesta sekä
käyttökelpoisen menetelmän, jonka avulla hengelliset

kilvoittelijat eri elämän aloilla voivat nopeasti edetä tätä päämäärää kohti. Alkuaan Intian hengellistä perintöä pystyttiin arvostamaan lännessä vain ylevällä ja abstraktilla tasolla, mutta nykyään se on avoin jokaiselle Jumalan tavoittelijalle käytännön harjoituksina ja kokemuksellisesti, ei tuonpuoleisessa vaan tässä ja nyt. – – Yogananda on tuonut jaloimmat mietiskelymenetelmät kaikkien ulottuville."

Self-Realization Fellowshipin
PÄÄMÄÄRÄT JA IHANTEET

Määritellyt Paramahansa Yogananda, perustaja
Sri Mrinalini Mata, presidentti

Levittää kansojen keskuuteen tietoa täsmällisistä tieteellisistä tekniikoista, joiden avulla voidaan saavuttaa suora henkilökohtainen kokemus Jumalasta.

Opettaa, että elämän tarkoitus on ihmisen omien ponnisteluiden kautta tapahtuva kehitys rajallisesta kuolevaisen tietoisuudesta Jumala-tietoisuuteen ja tätä varten perustaa kaikkialle maailmaan Self-Realization Fellowshipin temppeleitä, joissa voidaan harjoittaa jumalayhteyttä, sekä kehottaa ihmisiä perustamaan Jumalan temppeleitä omiin koteihinsa ja sydämiinsä.

Tuoda julki alkuperäisen, Jeesuksen Kristuksen opettaman kristinuskon sekä alkuperäisen, Bhagavan Krishnan opettaman joogan välinen täydellinen harmonia ja perustavanlaatuinen ykseys ja osoittaa, että nämä totuuden periaatteet ovat kaikkien tosi uskontojen yhteinen tieteellinen perusta.

Näyttää se jumalallinen valtatie, jolle kaikkien tosi uskontojen tiet lopulta johtavat: päivittäisen tieteellisen ja antaumuksellisen meditaation valtatie.

Vapauttaa ihminen hänen kolminkertaisesta kärsimyksestään: kehon sairauksista, mielen tasapainottomuudesta ja hengellisestä tietämättömyydestä.

Edistää yksinkertaista elämää ja syvällistä ajattelua; levittää kansojen keskuuteen veljeyden henkeä opettamalla niiden ykseyden ikuista perustaa: että ne kaikki ovat Jumalan sukua.

Osoittaa, että mieli hallitsee kehoa ja sielu mieltä.

Voittaa paha hyvällä, suru ilolla, julmuus ystävällisyydellä, tietämättömyys viisaudella.

Yhdistää tiede ja uskonto niiden perimmäisten periaatteiden ykseyden oivaltamisen kautta.

Edistää idän ja lännen keskinäistä kulttuurista ja hengellistä ymmärrystä ja kummankin parhaiden ominaispiirteiden keskinäistä vaihtoa.

Palvella ihmiskuntaa omana laajempana Itsenä.

SELF-REALIZATION FELLOWSHIPIN JULKAISUJA

Saatavana kirjakaupoista tai suoraan kustantajalta:
Self-Realization Fellowship
3880 San Rafael Avenue • Los Angeles,
California 90065-3219, U.S.A.
Puh +1 323 225-2471 • Fax +1 323 225-5088
www.yogananda-srf.org

PARAMAHANSA YOGANANDAN SUOMEKSI KÄÄNNETTYJÄ KIRJOJA

Joogin omaelämäkerta

Kuinka voit puhua Jumalan kanssa

Metafyysisiä meditaatioita

Miksi Jumala sallii pahuuden ja miten päästä pahan tuolle puolen

Onnistumisen laki

Paramahansa Yoganandan sanontoja

Peloton elämä

Sielun pyhäkössä

Sisäinen rauha

Vahvistavien parannuslauseiden tiede

PARAMAHANSA YOGANANDAN
ENGLANNINKIELISIÄ KIRJOJA

Autobiography of a Yogi

The Second Coming of Christ:
The Resurrection of the Christ Within You
Inspiroitu kommentaari Jeesuksen alkuperäisistä opetuksista.

God Talks with Arjuna: The Bhagavad Gita
Uusi käännös ja kommentaari.

Man's Eternal Quest
Paramahansa Yoganandan koottujen luentojen
ja puheiden ensimmäinen osa.

The Divine Romance
Paramahansa Yoganandan koottujen luentojen,
puheiden ja esseiden toinen osa.

Journey to Self-realization
Paramahansa Yoganandan koottujen luentojen
ja puheiden kolmas osa.

Wine of the Mystic:
The Rubaiyat of Omar Khayyam — A Spiritual Interpretation
Inspiroitu kommentaari, joka tuo päivänvaloon
jumalayhteyden mystisen tieteen Rubaijatin
arvoituksellisen kuvaston takaa.

Where There Is Light
Innoitusta elämän haasteiden ymmärtävään kohtaamiseen.

Whispers from Eternity
Kokoelma Paramahansa Yoganandan rukouksia ja
jumalallisia kokemuksia korkeissa meditaatiotiloissa.

The Science of Religion

The Yoga of the Bhagavad Gita:
An Introduction to India's Universal Science of God-Realization

The Yoga of Jesus:
Understanding the Hidden Teachings of the Gospels

In the Sanctuary of the Soul:
A Guide to Effective Prayer

Inner Peace:
*How to Be Calmly Active and
Actively Calm*

To Be Victorious in Life

Why God Permits Evil and How to Rise Above It

Living Fearlessly:
Bringing Out Your Inner Soul Strength

How You Can Talk With God

Metaphysical Meditations
Yli kolmesataa hengellisesti kohottavaa meditaatiota,
rukousta ja affirmaatiota.

Scientific Healing Affirmations
Paramahansa Yoganandan perusteellinen selostus
vahvistavien parannuslauseiden tieteestä.

Sayings of Paramahansa Yogananda
Kokoelma Paramahansa Yoganandan lausumia ja viisaita
neuvoja, hänen vilpittömiä ja rakastavia vastauksiaan niille,
jotka tulivat hakemaan häneltä opastusta.

Songs of the Soul
Paramahansa Yoganandan mystistä runoutta.

The Law of Success
Selittää ne dynaamiset periaatteet, joita noudattamalla on
mahdollista saavuttaa tavoitteensa elämässä.

Cosmic Chants
Kuudenkymmenen antaumuksellisen laulun sanat ja melodiat.
Johdannossa Paramahansa Yogananda selittää, miten hengelli-
nen laulu voi johtaa jumalayhteyteen.

PARAMAHANSA YOGANANDAN ÄÄNITTEITÄ

Beholding the One in All

The Great Light of God

Songs of My Heart

To Make Heaven on Earth

Removing All Sorrow and Suffering

Follow the Path of Christ, Krishna, and the Masters

Awake in the Cosmic Dream

Be a Smile Millionaire

One Life Versus Reincarnation

In the Glory of the Spirit

Self-Realization: The Inner and the Outer Path

MUITA SELF-REALIZATION FELLOWSHIPIN JULKAISUJA

*Täydellinen luettelo Self-Realization Fellowship
-julkaisuista sekä ääni- ja videotallenteista on
saatavana pyydettäessä.*

Swami Sri Yukteswar:
The Holy Science

Sri Daya Mata:
Only Love:
Living the Spiritual Life in a Changing World

Sri Daya Mata:
Finding the Joy Within You:
Personal Counsel for God-Centered Living

Sri Gyanamata:
God Alone:
The Life and Letters of a Saint

Sananda Lal Ghosh:
"Mejda":
The Family and the Early Life of Paramahansa Yogananda

Self-Realization
(Paramahansa Yoganandan vuonna 1925 perustama,
neljä kertaa vuodessa ilmestyvä lehti)

SELF-REALIZATION FELLOWSHIPIN OPETUSKIRJEET

Paramahansa Yoganandan opettamia tieteellisiä meditaatiotekniikoita – *kriya*-jooga mukaan lukien – sekä ohjeita tasapainoisen hengellisen elämän kaikille alueille esitetään opetuskirjeissä, Self-Realization Fellowship Lessons. Tarkempaa tietoa löytyy ilmaiseksi saatavasta kirjasesta "Undreamed-of Possibilities", jota on englanniksi, espanjaksi ja saksaksi.

www.ingramcontent.com/pod-product-compliance
Lightning Source LLC
Chambersburg PA
CBHW021117020426
42331CB00004B/521